W0267213

Knorr
Basis
Schinkenfleckerln
Gemüsesuppe
Dill Sauce
Sweety
Kaiserschmarrn ohne Rosinen
Kräuter Butter Sauce
Gebundene Gemüsesuppe
Topfenknödel
Napoli Sauce
Salat Krönung
Griechischer Salat
Klare Suppe
Kaiser Teller
Kürbiscreme Suppe
Käse Sauce
Seelachs in Kräuter Obers Sauce
Faschiertes
Steinpilz Suppe
Gyros
Semmel Knödel
Goldaugen
Kräuter-Speck
Hollandaise Sauce
Gulasch Saft
Gartenkräuter
Milchreis
Tomaten Suppe
Tomatencreme Suppe
Italienische Kräuter
Grießschmarrn
Basis für Topfenteig
Knoblauch Kräuter Sauce
Kartoffel Püree
Balsamico-Kräuter
7-Kräuter
Chinapfanne
Eierschwammerl Suppe
Servietten-knödel
Basis für Kartoffelteig
Fix-Püree
Gemüse-Auflauf
Hühner Suppe
Knoblauch Suppe
Champignoncreme Suppe
Braten Saft
knusprige Hendlhaxen
Chili con Carne
Kräuterling
Rosa Pfeffer Sauce
Pasta asciutta
Rahmschnitzel
Aromat
Waldpilz Sauce
Bunte Gemüse-Suppe

Das KNORR Kochbuch

Raffinierte Rezepte von Oliver Hoffinger

Oliver Hoffinger

Jahrgang 1970, trat nach Beendigung seiner Lehrzeit in die erste Küchenmannschaft von *Do & Co* im Haashaus, Wien, ein. Anschließend erkochte er im Restaurant *Vincent* drei Hauben als jüngster Sous-Chef Europas. Nach Stationen u. a. bei *Vongerichten* in New York eröffnete er sein eigenes Restaurant *Kochwerkstatt* und erhielt auf Anhieb wieder zwei Hauben. Nach einem Zwischenspiel im Wiener *Gaumenspiel* kocht er zurzeit live auf *PULS4* und *Sat1*. Bei Brandstätter erschien zuletzt *Kochen für Schnellos – gut, günstig & genial.*

Bibliografische Information der Deutschen Nationalbibliothek
Die Deutsche Nationalbibliothek verzeichnet diese Publikation in der Deutschen Nationalbibliografie; detaillierte bibliografische Daten sind im Internet über http://dnb.d-nb.de abrufbar.

1. Auflage

Fotografie: Theresa Schrems
Grafische Gestaltung: Emanuel Mauthe
Covergestaltung: Peter Manfredini
Lektorat: Inge Fasan
Gesamtherstellung: Grasl Druck & Neue Medien, Bad Vöslau

Copyright © 2010 by Christian Brandstätter Verlag, Wien

Alle Rechte, auch die des auszugsweisen Abdrucks oder der Reproduktion einer Abbildung, sind vorbehalten.
Das Werk einschließlich aller seiner Teile ist urheberrechtlich geschützt.
Jede Verwertung ohne Zustimmung des Verlages ist unzulässig.
Dies gilt insbesondere für Vervielfältigungen, Übersetzungen, Mikroverfilmungen und die Einspeicherung und Verarbeitung in Elektronischen Systemen.

ISBN 978-3-85033-390-0

Christian Brandstätter Verlag
GmbH & Co KG
A-1080 Wien, Wickenburggasse 26
Telefon (+43-1) 512 15 43-0
Telefax (+43-1) 512 15 43-231
E-Mail: info@cbv.at
www.cbv.at

Das KNORR Kochbuch

Raffinierte Rezepte von Oliver Hoffinger

Christian Brandstätter Verlag

Inhalt

Vegetarisch

Mal was Neues

Zubereitungszeit

Ein KNORR Kochbuch?

Vielleicht fragen Sie sich jetzt: „Warum?“ Ich finde, dass es dafür längst Zeit war. Denn KNORR hat Produkte, die für sich allein schon Gerichte sind oder Gerichte verfeinern. „Aber dann braucht man ja kein Kochbuch“, werden Sie sagen. „Dann reicht es, wenn man die Packungsangabe durchliest und loskocht.“ Natürlich geht das – aber es geht noch besser und deshalb komme an dieser Stelle ich ins Spiel. Ich finde nämlich, die Produkte von KNORR können noch viel mehr. Es kommt einfach immer darauf an, wie man sie einsetzt. Begleiten Sie mich also auf einen kulinarischen Streifzug zu Gerichten, die Sie so noch nie geschmeckt und gekocht haben. Aber was noch viel toller ist: Die Gerichte gelingen garantiert. Für all jene, die KNORR-Produkte schon immer benutzen, ist das nichts Neues. Den KNORR-Neulingen sei gesagt: Es eröffnen sich neue Möglichkeiten und die Zeit, die man zum Kochen braucht, verringert sich locker um die Hälfte. Und wer hat nicht gerne ein bisschen mehr Freizeit?

Das Spannende an den Gerichten in diesem Buch ist, dass sie KNORR von einer neuen Seite zeigen. Den Goldaugen Rindsuppenwürfel muss man z.B. nicht immer in Wasser auflösen. Man kann ihn auch anbraten und mit Rotwein ablöschen und erhält dadurch eine wunderbare Fleischsauce. Nur ein Beispiel dafür, wie universell KNORR einzusetzen ist. Und es warten noch viele weitere Rezepte und Tipps.
Manche Köchinnen und Köche – seien sie Profis oder „Hobby-Täter“ – greifen nicht gerne zu Suppenwürfel & Co., wenn es um ihre Kochkünste geht. Eine Rindsuppe, die über Stunden ihren herrlichen Duft verbreitet, braucht auch nicht immer den „goldenen Augenblick“. Aber haben Sie jeden Tag Zeit und Lust, für Stunden am Herd zu stehen? Ich nicht. Ist es da nicht legitim, sich Unterstützung zu holen? Und ist es nicht auch beruhigend zu wissen, dass ein mit KNORR-Produkten zubereitetes Gericht garantiert gelingt und darüber hinaus auch noch köstlich schmeckt?
Ich bin auf jeden Fall für's Selberkochen: Bitte kochen Sie, wenn Sie die Zeit dafür haben, jeden Tag! Damit es leichter geht, eine kleine Küchenformel: KNORR plus zwei, drei weitere Zutaten ergibt tolle Gerichte, die schnell und einfach funktionieren.

Ihr Oliver Hoffinger

AUS DEM KÜHLSCHRANK

Kräutertopfen-Zucchini-Auflauf mit Tomaten-Zucchini-Salat

ca. 35 min

Zutaten für 4 Personen:

1 Pkg. KNORR Vitamin plus Basis für Gemüse-Auflauf
250 g Topfen (20 % F.i.T.)
1 kleine Zucchini
1 Ei
1/8 l Weißwein
2 EL gehackter Thymian

Salat:

1 kleine Zucchini
2 kleine Tomaten
1 EL Balsamico
1 EL Olivenöl

Zubereitung:

1. Den Topfen mit gehacktem Thymian und dem Ei vermengen.
2. Die Packung Basis für Gemüse-Auflauf mit dem Weißwein unter die Masse mischen.
3. Eine Zucchini in 1 cm dicke Scheiben schneiden und untermischen.
4. Die Masse in eine feuerfeste Form füllen und im vorgeheizten Rohr bei 195 °C ca. 15 min backen.
5. Für den Salat die zweite Zucchini mit einem Sparschäler in feine Streifen schneiden, mit 1 EL Balsamico und 1 EL Olivenöl vermischen.
6. Die Tomaten in kleine Stücke schneiden und untermischen.
7. Den Salat mit dem Auflauf servieren.

OLIVERS TIPP:

Man kann für den Auflauf statt Zucchini auch Kürbis verwenden.

Dinkel-Topfennockerln mit Tomatensauce

ca. 20 min

Zutaten für 4 Personen:
250g Topfen (20% F.i.T.)
3EL Dinkel
1 Ei
1 EL Mehl
1 EL Maizena
1 EL KNORR Gemüse Bouquet
1 Pkg. KNORR Feinschmecker Sauce Napoli
2 kleine Tomaten
2EL frisches Basilikum
Salz, Pfeffer

Zubereitung:

1. Den Topfen mit Dinkel, Ei, Maizena und Mehl vermischen.
2. Für 5 min ziehen lassen.
3. Mit Salz und Pfeffer würzen.
4. Mit 2 Suppenlöffeln Nockerln formen und in siedendem Wasser mit 1 EL Gemüse Bouquet ziehen lassen (nicht kochen!).
5. Die Nockerln sind fertig, wenn sie oben schwimmen.
6. In der Zwischenzeit die Sauce Napoli laut Packungsangabe zubereiten.
7. Die Tomaten klein schneiden und mit dem fein geschnittenen Basilikum vermischen.
8. Die Nockerln mit der Sauce und frischem Basilikum servieren.

OLIVERS TIPP:

Tauschen Sie Basilikum gegen Salbei aus.

Sesam-Topfenknödel mit cremigem Salat

ca. 20 min

Zutaten für 4 Personen:

1 Pkg. KNORR Sweety Topfenknödel
Salz, Pfeffer
1 Msp. Chilipulver
1 Msp. Sesampulver
½ Zitrone
2 EL schwarzer Sesam
2 EL weißer Sesam
2 EL Sesamöl
1 Häuptelsalat
1 EL Margarine
200 g Rama Cremefine zum Kochen
2 EL gehackter Liebstöckel

Zubereitung:

1. Die Topfenknödel laut Packungsangabe zubereiten.
2. Zusätzlich mit Salz, Pfeffer, Chilipulver und Sesampulver würzen.
3. In Salzwasser ziehen lassen, bis sie oben schwimmen.
4. In der Zwischenzeit Rama Cremefine in einem Topf zum Kochen bringen.
5. Mit Salz, Pfeffer und dem Saft der halben Zitrone würzen, 3 min kochen lassen.
6. Den Liebstöckel untermischen.
7. Den Salat vierteln und in einer beschichteten Pfanne mit 1 EL Margarine kurz anbraten.
8. Mit Salz und Pfeffer würzen und auf Tellern anrichten.
9. Mit der Sauce übergießen.
10. Die Knödel in schwarzem und weißem Sesam wälzen, auf dem Salat anrichten und mit Liebstöckel dekorieren.

Reis-Topfen-Auflauf mit Amaretto-Sauerkirschen

ca. 35 min

Zutaten für 4 Personen:
1 Pkg. KNORR Sweety Milchreis
1 EL Margarine (für den Milchreis)
200 g Topfen (20 % F.i.T.)
3 EL Semmelbrösel
4 EL Margarine
1 TL Zimt
4 Eier
2 EL Kristallzucker
300 g Sauerkirschen aus dem Glas
1 EL Maizena
4 cl Amaretto
frische Pfefferminze

Zubereitung:

1. Den Sweety Milchreis laut Packungsangabe zubereiten. Kurz abkühlen lassen.
2. Die Eier trennen, die Dotter und den Topfen unter den Reis rühren.
3. Das Eiweiß mit dem Kristallzucker zu einem festen Schnee schlagen.
4. Den Schnee unter die Masse heben, diese in eine gefettete feuerfeste Form füllen.
5. Im vorgeheizten Rohr bei 195 °C ca. 20 min backen, nach 15 min eine Mischung aus flüssiger Margarine, Zimt und Bröseln auf den Reis geben, fertig backen.
6. In der Zwischenzeit die Kirschen mit dem Saft erhitzen.
7. Maizena mit 2 EL kaltem Wasser vermischen und unter die Kirschen rühren.
8. Kirschen kurz aufkochen lassen und mit Amaretto verfeinern.
9. Den Reis aus dem Rohr nehmen, mit einem Löffel portionieren und mit den Kirschen und der Minze garniert servieren.

Kaiserschmarrn mit geeistem Erdbeer-Topfen

ca. 20 min

Zutaten für 4 Personen:

1 Pkg. KNORR Sweety Kaiserschmarrn (mit/ohne Rosinen)
4 EL Margarine
400 g Topfen (20 % F.i.T.)
500 g Erdbeeren
1 EL Zitronensaft
3 EL Honig
frische Minze

Zubereitung:

1. Ein Drittel der Erdbeeren mit dem Honig und dem Zitronensaft pürieren.
2. Unter den Topfen mischen und für 1 Stunde ins Tiefkühlfach geben.
3. Den Kaiserschmarrn laut Packungsangabe zubereiten.
4. Nach dem Zerreißen 2 EL Margarine beigeben und noch einmal kurz anbraten.
5. Den Kaiserschmarrn mit dem Topfen und der Minze servieren.

OLIVERS TIPP:

Heidelbeeren sind die perfekte Alternative zu Erdbeeren.

Spinat-Champignon-Suppe mit Croûtons

ca. 15 min

Zutaten für 4 Personen:

1 Pkg. KNORR Bitte zu Tisch Champignoncreme Suppe
100 g Sauerrahm
150 g Blattspinat
1 Knoblauchzehe
Salz, Pfeffer
1 EL Olivenöl
200 g Schwarzbrot
2 EL Margarine

Zubereitung:

1. Die Suppe laut Packungsangabe zubereiten.
2. Den Sauerrahm unterrühren.
3. In der Zwischenzeit den geputzten Spinat und die geschälte, gehackte Knoblauchzehe in 1 EL Olivenöl anschwitzen.
4. Mit Salz und Pfeffer würzen.
5. Die Brotscheiben in kleine Würfel schneiden und in Margarine anrösten. Mit Salz würzen.
6. Die Suppe mit dem Spinat und den Croûtons servieren.

OLIVERS TIPP:

Mangold oder Pok Choi eignet sich wunderbar statt Spinat.

Eisbergsalat mit Dijonsenf und Schinkenkrusteln

ca. 30 min

Zutaten für 4 Personen:
½ Pkg. KNORR Kartoffelteig
1 Ei
150 g Beinschinken (dünn geschnitten)
2 EL Olivenöl
2 EL Thymian
1 Eisbergsalat
1 Pkg. KNORR Salatkrönung Balsamico-Kräuter
1 EL Dijonsenf
2 EL Sauerrahm
3 EL Öl
Salz, Pfeffer

Zubereitung:

1. Den Kartoffelteig laut Packungsangabe zubereiten.
2. Den Schinken bis auf 4 Blatt in kleine Würfel schneiden und unter die Kartoffelmasse mischen.
3. Aus der Masse 2 cm dicke Rollen formen, diese in 2 cm starke Scheiben schneiden, daraus Bällchen formen.
4. Die Bällchen in einer Pfanne mit 2 EL Olivenöl und dem gehackten Thymian knusprig braten.
5. Den Salat waschen, grob schneiden.
6. Balsamicodressing laut Packungsangabe zubereiten, Dijonsenf und Sauerrahm untermischen und den Salat damit marinieren.
7. Die Krusteln mit Schinkenblättern und Salat servieren.

OLIVERS TIPP:

Chorizo, eine spanische Paprikawurst, eignet sich perfekt für dieses Gericht.

Sauerrahmdalken mit Himbeer-Bacardisauce

ca. 20 min

Zutaten für 4 Personen:
1 Pkg. KNORR Sweety Kaiserschmarrn (mit/ohne Rosinen)
4 EL Sauerrahm
2 EL Margarine
300 g Himbeeren (frisch oder tiefgekühlt)
2 EL Staubzucker
1 cl Bacardi
frische Minze

Zubereitung:

1. Den Kaiserschmarrn laut Packungsangabe zubereiten.
2. Den Sauerrahm unter die Masse mischen.
3. Die Masse in eine Pfanne mit 2 EL zerlassener Margarine gießen und beidseitig backen, mit einem Schnapsglas Dalken ausstechen.
4. Ein Drittel der Himbeeren mit dem Staubzucker und dem Bacardi pürieren.
5. Die restlichen Himbeeren untermischen und mit den Dalken servieren.
6. Mit Staubzucker bestreuen und mit Minze dekorieren.

OLIVERS TIPP:

Die Teig-Abschnitte in ein Rexglas füllen und mit Erdbeermarmelade marinieren, als kleinen Snack kurz in der Mikrowelle wärmen.

Spaghetti mit cremigen Tomaten und Basilikum

ca. 10 min

Zutaten für 4 Personen:
ca. 600 g Spaghetti
1 Würfel KNORR Klare Suppe
400 g Cocktailtomaten
⅛ l Weißwein
¼ l Rama Cremefine zum Kochen
1 EL Olivenöl
3 EL gehacktes Basilikum

Zubereitung:

1. Die Spaghetti laut Packungsangabe kochen.
2. In der Zwischenzeit die Tomaten halbieren und in einer Pfanne mit 1 EL Olivenöl anbraten.
3. Den Suppenwürfel einbröseln und mitrösten.
4. Mit Weißwein ablöschen und mit Rama Cremefine aufgießen.
5. Für 2 min kochen lassen und mit Basilikum würzen.
6. Die gekochten Spaghetti untermengen und auf Tellern anrichten, mit Basilikum dekorieren.

Putensteak mit Parmesanknödeln und Rosmarinsauce

ca. 35 min

Zutaten für 4 Personen:
4 Putensteaks à 140 g
Salz, Pfeffer
2 EL Olivenöl
⅛ l Rotwein
2 EL gehackter Rosmarin
1 roter Paprika
1 EL Margarine
2 EL Sauerrahm
½ Pkg. KNORR Kartoffelteig
1 Ei
100 g geriebener Parmesan
2 EL Margarine
1 Handvoll Rucola

Zubereitung:

1. Die Putensteaks mit Salz und Pfeffer würzen und in einer Pfanne mit Olivenöl auf beiden Seiten je 4 min anbraten.
2. Im vorgeheizten Rohr bei 70 °C für weitere 8 min ziehen lassen.
3. Den Bratenrückstand in der Pfanne mit Rotwein ablöschen und den Rosmarin beigeben.
4. Den Paprika klein schneiden und mitkochen, mit Salz und Pfeffer würzen und mit Margarine sowie Sauerrahm verfeinern.
5. Den Kartoffelteig laut Packungsangabe zubereiten, den geriebenen Parmesan untermischen.
6. Aus der Masse kleine Knödel formen und in Salzwasser köcheln.
7. Knödel anschließend in 2 EL zerlassener Margarine schwenken.
8. Die Putensteaks mit den Knödeln, Rucola und der Sauce servieren.

OLIVERS TIPP:

Dieses Rezept schmeckt auch sehr gut mit Schweinsfilet.

Gebratene Eiernudeln mit Shrimps

ca. 25 min

Zutaten für 4 Personen:
1 Pkg. KNORR Basis für Chinapfanne
300 g Eiernudeln
400 g Shrimps
3 EL Olivenöl
1 roter Paprika
1 große Zucchini
150 g Sojasprossen
1 Jungzwiebel

Zubereitung:
1. Die Nudeln laut Packungsangabe kochen und in kaltem Wasser abschrecken.
2. In einer Pfanne ohne Fettzugabe knusprig braten.
3. Aus der Pfanne nehmen und Olivenöl zugeben, die Shrimps mit grob geschnittener Zucchini und Paprika anrösten.
4. Mit Wasser laut Packungsangabe auf der KNORR Basis aufgießen, den Packungsinhalt zufügen.
5. Die Sojasprossen einrühren und die Nudeln untermischen.
6. Mit fein geschnittenem Jungzwiebel dekorieren.

OLIVERS TIPP:

Wenn Sie keine Shrimps mögen, verwenden Sie einfach Hühnerfleisch.

Tortilla mit Chorizo, Käse und Kartoffeln

ca. 25 min

Zutaten für 4 Personen:
9 Eier
Salz, Pfeffer
150 g gekochte speckige Kartoffeln
200 g Chorizo (spanische Paprikawurst)
1 roter Paprika
200 g Parmesan
2 EL Olivenöl
1 Pkg. KNORR Feinschmecker Käse Sauce
2 EL Thymian

Zubereitung:

1. Die Eier mit Salz und Pfeffer würzen und verquirlen.
2. Die Chorizo und den Paprika grob, die Kartoffeln in Scheiben schneiden.
3. Den Parmesan hobeln und alles unter die Ei-Masse mischen.
4. Die Masse in eine beschichtete Pfanne mit heißem Olivenöl gießen.
5. Für 15 min im vorgeheizten Rohr bei 190 °C backen.
6. In der Zwischenzeit die Käsesauce laut Packungsangabe zubereiten.
7. Mit gehacktem Thymian vollenden.
8. Die Tortilla aus dem Rohr nehmen und auf ein Brett stürzen, in gleich große Stücke schneiden und mit der Sauce servieren.

Pochierte Rieslingeier mit Sauce Hollandaise und Spinat

ca. 20 min

Zutaten für 4 Personen:

8 Eier
¼ l Riesling
3 EL Weißweinessig
Salz, Pfeffer
1 Prise Muskatpulver
300 g Blattspinat
2 EL Butter
1 kleine rote Zwiebel
1 Pkg. KNORR Feinschmecker Sauce Hollandaise
⅛ kg Butter (für die Sauce)

Zubereitung:

1. ½ l Wasser mit Salz, Essig und Wein aufkochen.
2. Die Eier aufschlagen und einzeln in einen Schöpflöffel geben, langsam in den Fond gießen.
3. Für 5 min ziehen lassen, nicht kochen.
4. Die Zwiebel schälen, hacken und in Butter anbraten.
5. Den gewaschenen Spinat dazugeben und mit Salz, Pfeffer und Muskat würzen.
6. Die Sauce Hollandaise laut Packungsangabe zubereiten.
7. Die Eier mit dem Spinat und der Sauce servieren.

OLIVERS TIPP:

Wenn Sie dieses Gericht für Kinder zubereiten wollen, ersetzen Sie den Wein durch mehr Essig.

Eierschwammerl-Serviettenknödel-Gratin

ca. 30 min

Zutaten für 4 Personen:

1 Pkg. KNORR Serviettenknödel
300 g Eierschwammerln
1 weiße Zwiebel
2 EL Olivenöl
3 Eier
¼ l Rama Cremefine zum Kochen
Salz, Pfeffer
2 EL Majoran (getrocknet)
gemahlener Kümmel
etwas frischer Majoran

Zubereitung:

1. Die Serviettenknödel laut Packungsangabe zubereiten.
2. In der Zwischenzeit die geputzten Schwammerln in einer Pfanne mit Olivenöl anbraten.
3. Die geschälte und klein geschnittene Zwiebel beigeben und mitrösten.
4. Mit Salz, Pfeffer, Kümmel und Majoran würzen.
5. Die Serviettenknödel in 3 cm dicke Scheiben schneiden.
6. Abwechselnd Knödel und Schwammerln in eine feuerfeste Form schichten.
7. Eier mit Rama Cremefine vermengen, salzen und über Knödel und Schwammerln gießen.
8. Für 15 min bei 200 °C im Rohr backen.
9. Mit frischem Majoran dekorieren.

OLIVERS TIPP:

Außerhalb der Eierschwammerl-Saison einfach Austernpilze und/oder Champignons verwenden.

Pancakes mit Honigtrauben

ca. 20 min

Zutaten für 4 Personen:

1 Pkg. KNORR Sweety Grießschmarrn
1 Ei
2 EL Margarine
300 g Trauben (weiß und blau gemischt)
3 EL Honig
2 cl Rum
frische Minze

Zubereitung:

1. Den Grießschmarrn laut Packungsangabe zubereiten, das verquirlte Ei unterrühren.
2. In einer kleinen beschichteten Pfanne mit Margarine 8 dünne Pancakes herausbacken.
3. In der Zwischenzeit die Trauben halbieren und mit Honig und Rum erhitzen.
4. Die Pancakes mit den Trauben und etwas frischer Minze servieren.

OLIVERS TIPP:

Dieses Gericht funktioniert auch wunderbar mit KNORR Sweety Kaiserschmarrn.

Knusprige Salamiknödel mit Chinakohl

ca. 20 min

Zutaten für 4 Personen:

1 Pkg. KNORR Kartoffelteig
1 Ei
300 g Salami
2 Jungzwiebeln
2 EL Margarine
400 g Chinakohl
3 EL Weißweinessig
2 EL Olivenöl
1 TL Dijonsenf
Salz, Pfeffer

Zubereitung:

1. Den Kartoffelteig laut Packungsangabe zubereiten.
2. Die Salami in kleine Würfel schneiden und unter den Teig mischen.
3. Aus der Masse gleich große Knödel formen und in Salzwasser kochen, bis sie oben schwimmen.
4. In der Zwischenzeit den Chinakohl in grobe Streifen schneiden.
5. Aus Essig, Öl, Salz, Pfeffer und dem Senf ein Dressing rühren.
6. Den Salat damit marinieren und mit den fein geschnittenen Jungzwiebeln dekorieren.
7. Die Knödel in 2 EL heißer Margarine schwenken und mit dem Salat servieren.

OLIVERS TIPP:

Statt Salami passt auch Schinken sehr gut.

Überbackene Schinkenrolle mit mediterranem Gemüse

ca. 35 min

Zutaten für 4 Personen:
1 Pkg. KNORR Kartoffel Püree
1 kleine Zucchini
100 g Melanzani
100 g roter Paprika
200 g geriebener Parmesan
1 Ei
12 Blätter Beinschinken
Thymian
Salz, Pfeffer

Zubereitung:

1. Das Püree laut Packungsangabe zubereiten.
2. Zucchini, Melanzani und Paprika in kleine Würfel schneiden.
3. 100 g geriebenen Parmesan, das verquirlte Ei, Thymian, Salz und Pfeffer unter das Püree mischen.
4. Die Schinkenblätter auflegen, mit dem Püree dick bestreichen und einrollen.
5. In eine feuerfeste Form legen, mit Thymian und dem restlichen Parmesan bestreuen und im vorgeheizten Rohr bei 185 °C ca. 15 min backen.
6. Noch heiß servieren.

OLIVERS TIPP:

Tomatensalat passt perfekt dazu.

Mozzarella in Prosciutto aus dem Ofen mit Salat

ca. 20 min

Zutaten für 4 Personen:

8 Stk. Mozzarella (à 200 g)
8 Scheiben Prosciutto
1 Pkg. KNORR Salatkrönung Balsamico-Kräuter
3 EL Öl (für Dressing)
2 EL Olivenöl
Salz, Pfeffer
1 Handvoll Rucola

Zubereitung:

1. Den Mozzarella mit Salz und Pfeffer würzen und in jeweils eine Prosciutto-Scheibe wickeln.
2. Die Mozzarella-Pakete auf ein Backblech mit Backpapier legen und mit Olivenöl beträufeln.
3. Bei 200 °C ins vorgeheizte Rohr schieben.
4. So lange im Rohr lassen, bis der Käse zu schmelzen beginnt.
5. In der Zwischenzeit das Dressing laut Packungsangabe zubereiten.
6. Den Rucola damit marinieren.
7. Den Mozzarella mit dem Salat servieren.

OLIVERS TIPP:

Schmeckt auch mit Schafskäse, dann aber den Prosciutto durch normalen Schinken ersetzen. Die Käse-Pakete werden sonst zu salzig.

Chorizo-Reis mit Kapernsauce

ca. 30 min

Zutaten für 4 Personen:

1 Pkg. KNORR Basis für Serbisches Reisfleisch
200 g Reis
150 g Chorizo (spanische Paprikawurst)
100 g Stangensellerie
1 roter Paprika
200 g Kapernbeeren
2 EL Olivenöl
Salz, Pfeffer
2 gehäufte EL Petersilie
2 EL Zitronensaft

Zubereitung:

1. KNORR Basis laut Packungsangabe verarbeiten, aber statt Fleisch die grob geschnittene Chorizo verwenden.
2. Die Stangensellerie und den Paprika in kleine Würfel schneiden und mitdünsten.
3. Die Kapern grob zerkleinern und mit gehackter Petersilie, Olivenöl, Salz, Pfeffer und Zitronensaft marinieren.
4. Die Sauce mit dem Chorizo-Reis servieren.

Faschierter Braten mit Prosciutto und Tomatensalat

ca. 35 min

Zutaten für 4 Personen:
1 Pkg. KNORR Basis für Faschiertes
500 g gemischtes Faschiertes
10 Scheiben Prosciutto
300 g Tomaten
1 kleine rote Zwiebel
2 EL Balsamico
2 EL Olivenöl
Salz, Pfeffer
2 EL fein geschnittener Schnittlauch

Zubereitung:

1. Das Faschierte laut Packungsangabe zubereiten.
2. Aus der Masse 3 gleich große Rollen formen und mit dem Prosciutto umwickeln.
3. In eine feuerfeste Form legen und im vorgeheizten Rohr bei 185 °C ca. 20 min braten.
4. In der Zwischenzeit die Tomaten klein schneiden und die in Scheiben geschnittene Zwiebel untermengen.
5. Mit Balsamico, Salz, Pfeffer und Öl marinieren und mit dem Schnittlauch verfeinern.
6. Das Faschierte aus dem Rohr nehmen, den Bratensaft unter den Salat mischen, die Rollen aufschneiden und mit dem Salat servieren.

OLIVERS TIPP:

Statt Prosciutto eignet sich auch Frühstücksspeck für dieses Gericht.

OLIVERS TIPP:

Würziger werden die Tascherln, wenn Sie Bergkäse verwenden.

Geselchte Suppe mit knusprigen Emmentalertascherln

ca. 40 min

Zutaten für 4 Personen:

1 Pkg. KNORR Fix-Püree mit Milch
400 g Geselchtes
1 Würfel KNORR Goldaugen Rindsuppe
150 g geriebener Emmentaler
1 Pkg. Strudelteig
1 Ei
100 g Karotte
100 g Knollensellerie
2 Jungzwiebeln
Salz, Pfeffer
Kresse

Zubereitung:

1. Das Geselchte mit dem Suppenwürfel aufkochen, 20 min ziehen lassen.
2. Karotte, Sellerie und Jungzwiebeln in feine Streifen schneiden.
3. Das Püree laut Packungsangabe zubereiten. Den geriebenen Käse untermischen.
4. Den Strudelteig auflegen und in 8 x 8 cm große Rechtecke schneiden.
5. Mit verquirltem Ei bestreichen, in die Mitte etwas Käsemasse setzen. Den Teig über der Masse schließen.
6. Tascherln auf ein Backblech mit Backpapier legen und bei 180 °C Heißluft im vorgeheizten Rohr knusprig backen.
7. Das Gemüse in die Suppe legen und kurz aufkochen lassen.
8. Die Suppe mit dem Gemüse, jeweils 2 Tascherln und Kresse servieren.

Salat mit Karotten, Geselchtem und Schwarzbrot-Chips

ca. 20 min

Zutaten für 4 Personen:
400g altes Schwarzbrot
2EL Margarine
2 Handvoll gemischter Blattsalat
1 Pkg. KNORR Salatkrönung Frühlingszwiebel
3EL Öl
300g Geselchtes
2 kleine Karotten

Zubereitung:

1. Das Dressing laut Packungsangabe zubereiten.
2. Die Karotten schälen und wie das Geselchte in dünne Streifen schneiden.
3. In eine Schüssel geben und mit dem Dressing marinieren.
4. Das Brot in sehr dünne Scheiben schneiden und auf ein Backblech mit Backpapier legen.
5. Mit Margarine bestreichen und mit Salz würzen.
6. Die Brotscheiben bei 180°C Heißluft im vorgeheizten Rohr backen, bis sie knusprig sind.
7. Die Salatblätter unter die Karotten und das Geselchte heben.
8. Den Salat mit den Schwarzbrot-Chips servieren.

OLIVERS TIPP:

Sehr gut schmeckt dieses Gericht auch mit altem Ciabattabrot.

Kräuterauflauf mit Geselchtem

ca. 30 min

Zutaten für 4 Personen:
2 Pkg. KNORR Basis für Überbackene Schinkenfleckerln
300 g Fleckerln
300 g Geselchtes
3 EL Margarine
200 g Parmesan
2 EL frischer Majoran
2 EL frischer Thymian
2 EL Semmelbrösel

Zubereitung:

1. Das Geselchte in kleine Würfel schneiden und in der Margarine anbraten.
2. Dann laut Packungsangabe vorgehen und zum Schluss die frischen Kräuter untermengen.
3. Die Auflauf-Masse in eine befettete feuerfeste Form füllen und mit dem geriebenen Parmesan bestreuen.
4. Im vorgeheizten Rohr bei 180 °C ca. 20 min backen, dann mit Bröseln bestreuen und weitere 5 min backen.
5. Mit frischen Kräutern dekorieren.

Wasabi-Röllchen mit Geselchtem und Oliven

ca. 20 min

Zutaten für 4 Personen:
8 dünne Scheiben Geselchtes
1 Pkg. KNORR Kartoffel Püree
1 EL Wasabipaste
¼ l Weißwein
1 Würfel KNORR Goldaugen Rindsuppe
100 g Oliven (grün und schwarz gemischt)
1 Handvoll Salat
Salz, Pfeffer

Zubereitung:

1. Den Weißwein zusammen mit dem Suppenwürfel und ¼ l Wasser aufkochen.
2. Das Püree laut Packungsangabe zubereiten und mit Wasabipaste abschmecken.
3. Das Geselchte in den Sud einlegen und kurz erhitzen, aus dem Sud nehmen.
4. Püree in die Mitte der Fleisch-Scheiben setzen und diese einrollen.
5. Die Oliven dem Sud beigeben und die Rollen auf Teller legen, Salat daneben anrichten und mit dem Sud übergießen.

OLIVERS TIPP:

Wenn Sie keine Wasabipaste bekommen, würzen Sie das Püree einfach mit Kren.

AUS DER SPEISEKAMMER

Polenta mit Käsefüllung

ca. 35 min

Zutaten für 4 Personen:
200g Polenta
1 Ei
1 Würfel KNORR Goldaugen Rindsuppe
300g Blauschimmelkäse
1 Pkg. KNORR Bitte zu Tisch Steinpilz Suppe
1 EL Olivenöl
2 Handvoll Vogerlsalat

Zubereitung:

1. Die Polenta mit ½ l Wasser und dem Suppenwürfel aufkochen.
2. Für 5 min kochen, kurz abkühlen lassen und das verquirlte Ei untermengen.
3. Die Hälfte der Masse in eine beschichtete Pfanne mit 1 EL Olivenöl geben, glatt streichen.
4. Mit dem Blauschimmelkäse belegen.
5. Die restliche Polentamasse daraufstreichen und im vorgeheizten Rohr bei 200°C backen, nach 10 min wenden und für weitere 10 min knusprig backen.
6. In der Zwischenzeit die Suppe laut Packungsangabe zubereiten.
7. Den Polentakuchen teilen und in der Suppe servieren. Dazu den Vogerlsalat reichen.

OLIVERS TIPP:

Wenn Sie keinen Blauschimmelkäse mögen: Parmesan eignet sich ebenso gut.

Suppe mit geräucherter Polenta und Kernöl

ca. 30 min

Zutaten für 4 Personen:
300 g Polenta
1 Würfel KNORR Goldaugen Rindsuppe
1 Zwiebel
2 EL Olivenöl
3 EL Rama Cremefine zum Verfeinern
3 EL Kernöl

Zubereitung:

1. 100 g der Polenta in eine Pfanne streuen, Polenta an den Rand schieben, einen kleinen Teller verkehrt in die Mitte der Pfanne legen und eine Schüssel daraufstellen.
2. Die restliche Polenta in diese Schüssel geben.
3. Die Pfanne anheizen, bis die Polenta in der Pfanne zu verbrennen beginnt; die Pfanne samt Schüssel gut zudecken, von der Flamme nehmen, für 10 min ziehen lassen.
4. Die geräucherte Polenta aus der Schüssel in einem Topf zusammen mit der klein geschnittenen Zwiebel in Olivenöl anrösten. Die verbrannte Polenta in der Pfanne wegschütten.
5. Mit 1 l Wasser aufgießen und mit dem Suppenwürfel würzen, für 10 min köcheln lassen.
6. Die Suppe mit Rama Cremefine verfeinern und mit dem Kernöl servieren.

OLIVERS TIPP:

Auf diese Art können Sie vieles räuchern (z.B. Fisch, diesen dazu auf einen Teller in die Pfanne mit der Polenta stellen).

Cremige Polenta mit Spinat und Gorgonzola

ca. 20 min

Zutaten für 4 Personen:

1 Pkg. KNORR Basis für Rahmschnitzel
200 g Polenta
1 kleine rote Zwiebel
200 g Spinat
3 EL Rama Cremefine zum Verfeinern
100 g Gorgonzola
2 EL Margarine
Salz, Pfeffer

Zubereitung:

1. ¾ l Wasser aufkochen, den Beutelinhalt mit der Rahmschnitzel-Basis einrühren und die Polenta dazugeben, kurz köcheln lassen.
2. Die Zwiebel schälen und in feine Scheiben schneiden.
3. In einer Pfanne mit 2 EL Margarine anschwitzen und den Spinat hinzufügen.
4. Mit Salz und Pfeffer würzen.
5. Rama Cremefine unter die Polenta rühren.
6. In Schüsseln füllen, mit dem geschnittenen Gorgonzola und dem Spinat servieren.

OLIVERS TIPP:

Sie können die Polenta auch mit dem Käse überbacken.

Polentaknödel in Balsamicotomaten

ca. 30 min

Zutaten für 4 Personen:
200g Polenta
1 Pkg. KNORR Basis für Gyros
1 Ei
400g Cocktailtomaten
1 EL Olivenöl
Salz, Pfeffer
3 EL Balsamico
frisches Basilikum

Zubereitung:

1. ½ l Wasser mit der Polenta und der Gyros-Basis aufkochen.
2. Leicht abkühlen lassen und mit dem Ei abrühren.
3. Kleine Knödel formen und in Salzwasser kochen, bis sie oben schwimmen.
4. In der Zwischenzeit die halbierten Tomaten in Olivenöl anbraten.
5. Mit Salz und Pfeffer würzen und mit Balsamico ablöschen, kurz ziehen lassen.
6. Mit gehacktem Basilikum garnieren.
7. Die Knödel in den Tomaten schwenken und servieren.

OLIVERS TIPP:

Statt Basilikum können Sie auch Rosmarin verwenden.

Polenta-Schnitzel mit Zucchinisalat

ca. 30 min

Zutaten für 4 Personen:
4 Schweinsschnitzel
50 g Polenta
½ Würfel KNORR Klare Suppe
1 Ei
2 EL Olivenöl
3 kleine Zucchini
1 Chilischote
1 kleine rote Zwiebel
2 EL Weißweinessig
1 Pkg. KNORR Feinschmecker Knoblauch Kräuter Sauce
Salz, Pfeffer
frischer Oregano

Zubereitung:

1. Die Schnitzel mit Salz und Pfeffer würzen und in einer Pfanne mit Olivenöl auf beiden Seiten scharf anbraten, aus der Pfanne nehmen.
2. Die Polenta mit ⅛ l Wasser und dem Suppenwürfel aufkochen, mit Ei abrühren.
3. Die Schnitzel einseitig mit der Masse bestreichen, auf ein Backblech legen und im Rohr bei 195 °C Oberhitze für 10 min überbacken.
4. In der Zwischenzeit in der Pfanne mit dem Bratenrückstand den Essig und die fein geschnittene Chili erhitzen.
5. Zucchini und Zwiebel in feine Scheiben schneiden und im Sud erhitzen.
6. Die Knoblauch-Kräuter-Sauce laut Packungsangabe zubereiten.
7. Einen Teil der Sauce unter die Zucchini mischen.
8. Die Schnitzel mit der Sauce, Zucchini und frischem Oregano servieren.

OLIVERS TIPP:

Vegetarier können statt Schweins-schnitzel Tofu nehmen.

Knuspriger Gemüse-Thaireis mit Sojasprossen

ca. 20 min

Zutaten für 4 Personen:
1 Pkg. KNORR Basis für Chinapfanne
200 g Thaireis
1 Karotte
1 roter Paprika
4 Cocktailtomaten
100 g Sojasprossen
2 EL Sesamöl
frischer Koriander

Zubereitung:

1. Den Reis kochen.
2. Die Chinapfanne laut Packungsangabe zubereiten, statt Fleisch das klein geschnittene Gemüse beigeben.
3. Den Reis in einer beschichteten Pfanne mit Sesamöl anbraten.
4. Das Gemüse in der Sauce und den Reis in Schüsseln servieren.
5. Mit frischem Koriander dekorieren.

OLIVERS TIPP:

Statt Koriander können Sie auch Thaibasilikum verwenden.

Chili-Hendlreis-Pfanne

ca. 30 min

Zutaten für 4 Personen:
8 kleine Hendlhaxen
1 Pkg. KNORR Basis für Knusprige Hendlhaxen
1 Würfel KNORR Klare Suppe
200 g Basmatireis
4 kleine Tomaten
2 EL Paprikapulver
2 EL Tomatenmark
1 roter Paprika
frische Petersilie

Zubereitung:

1. Die Hendlhaxen laut Packungsangabe auf der KNORR Basis zubereiten.
2. In der Zwischenzeit den Reis ohne Zugabe von Fett in einem Topf anrösten.
3. Mit der dreifachen Menge Wasser ablöschen und mit dem Paprikapulver, dem Tomatenmark und dem Suppenwürfel aufkochen. Köcheln lassen, bis der Reis weich ist.
4. In der Zwischenzeit den Paprika und die Tomaten in grobe Stücke schneiden und zu den Hendln geben.
5. Den gekochten Reis mit den Haxen vermischen und mit Petersilie servieren.

OLIVERS TIPP:

Wenn Sie es eine Spur würziger haben wollen, geben Sie eine Chilischote dazu.

Gebackene Risotto-Bällchen mit Steinpilzen

ca. 30 min

Zutaten für 4 Personen:
200 g Risottoreis
¼ l Weißwein
4 EL getrocknete Steinpilze
1 Pkg. KNORR Kaiser Teller Eierschwammerl Suppe
3 EL geriebener Parmesan
2 Eier
6 EL Semmelbrösel
4 EL Olivenöl
Schnittlauch

Zubereitung:

1. Risottoreis mit den getrockneten Steinpilzen ohne Zugabe von Fett anrösten.
2. Mit Weißwein ablöschen und mit ¼ l Wasser aufgießen.
3. Die Suppe laut Packungsangabe zubereiten.
4. Ein Drittel davon aufheben und den Rest zum Aufgießen des Risottos verwenden.
5. Wenn das Risotto weich ist, Topf vom Herd nehmen und Risotto mit Parmesan vollenden.
6. Die Eier verquirlen.
7. Den Reis zu flachen Laibchen formen und durch das Ei und die Brösel ziehen.
8. Beidseitig in Olivenöl knusprig braten.
9. Mit der restlichen Suppe und Schnittlauch servieren.

OLIVERS TIPP:

Mit frischen Steinpilzen schmeckt's besonders gut!

Mediterraner Gemüsereis mit Parmesan-Kruste

ca. 40 min

Zutaten für 4 Personen:

200g Basmatireis
1 Pkg. KNORR Vitamin plus Basis für Gemüse-Auflauf
1 Zucchini
150g Melanzani
4 kleine Tomaten
300g geriebener Parmesan
frisches Basilikum

Zubereitung:

1. Den Reis bissfest kochen und abseihen.
2. Das Gemüse in gleich große Scheiben schneiden.
3. Den Beutelinhalt der KNORR Basis untermengen.
4. Das Gemüse und den Reis untermengen und in eine gefettete feuerfeste Form füllen.
5. Mit Parmesan bestreuen und im vorgeheizten Rohr bei 180°C ca. 20 min backen.
6. Aus dem Rohr nehmen und mit frischem Basilikum servieren.

OLIVERS TIPP:

Zum Gemüsereis passt am besten Rucolasalat.

Grießschnitte mit Thunfisch und Kapern

ca. 30 min

Zutaten für 4 Personen:

1 Pkg. KNORR Vitamin plus Bunte Gemüsesuppe
150 g Grieß
1 Ei
150 g Thunfisch
70 g Kapern
80 g Parmesan
4 kleine Tomaten
frischer Oregano

Zubereitung:

1. Die Suppe laut Packungsangabe zubereiten.
2. Im letzten Drittel der Kochzeit den Gieß einrühren, kurz ziehen und abkühlen lassen, verquirltes Ei untermischen und die Masse in eine befettete feuerfeste Form füllen.
3. Für 15 min bei 180 °C ins vorgeheizte Rohr schieben.
4. Aus dem Rohr nehmen, mit Thunfisch, Parmesan, Kapern und klein geschnittenen Tomaten belegen und noch einmal kurz gratinieren.
5. Aufschneiden und mit frischem Oregano servieren.

OLIVERS TIPP:

Statt Kapern eignen sich auch Oliven sehr gut.

Rosmarinhendl mit Gouda-Grießkoch

ca. 30 min

Zutaten für 4 Personen:
4 Hendlbrüste à 120 g
1 Pkg. KNORR Basis für Knusprige Hendlhaxen
4 EL Öl
4 kräftige Rosmarinstämmchen
½ l Milch
70 g Grieß
½ Würfel KNORR Hühner Suppe
200 g Gouda

Zubereitung:

1. Die Hendlbrüste auf die Rosmarinstämmchen spießen, mit der KNORR Basis und Öl marinieren und braten.
2. Die Milch mit ¼ l Wasser und dem Suppenwürfel aufkochen lassen.
3. Den Grieß dazugeben und 5 min ziehen lassen.
4. Mit Salz, Pfeffer und dem Gouda vermengen.
5. Die Hendlbrüste mit dem Grießkoch servieren.

OLIVERS TIPP:
Anstelle von Gouda passt hier auch Parmesan.

Rosa Linsensuppe mit Schafskäse

ca. 15 min

Zutaten für 4 Personen:
3 EL KNORR Gemüsesuppe
100 g rosa Linsen
2 EL Rama Cremefine zum Verfeinern
300 g Schafskäse
Thymian
2 EL Olivenöl
Salz, Pfeffer

Zubereitung:

1. Die Linsen mit 1 l Wasser und dem Suppenwürfel-Pulver aufkochen, evtl. mit Salz und Pfeffer würzen.
2. Für 5 min köcheln lassen und mit Rama Cremefine abschmecken.
3. Den Schafskäse in gleich große Stücke schneiden.
4. Das Olivenöl mit dem Thymian, Salz und Pfeffer erhitzen und den Schafskäse damit marinieren.
5. Die Suppe mit den Käsestückchen darin servieren.

OLIVERS TIPP:

Ziegenkäse ist eine wunderbare Alternative zu Schafskäse.

Gebratene Linsennockerln mit Thymian

ca. 30 min

Zutaten für 4 Personen:
200 g rosa Linsen
1 Pkg. KNORR Basis für Chili con Carne
1 Ei
2 EL Olivenöl
2 EL gehackter Thymian
4 EL Tomatenmark
1 EL Ketchup
2 EL Balsamico
Salz

Zubereitung:

1. Die Linsen weich kochen und mit der Basis Chili con Carne würzen.
2. Leicht abkühlen lassen, Ei und Thymian untermengen.
3. Mit 2 Suppenlöffeln Nockerln formen und diese in einer beschichteten Pfanne mit Olivenöl vorsichtig knusprig braten.
4. In der Zwischenzeit Tomatenmark mit Ketchup abrühren, salzen.
5. Die Nockerln mit der Tomatencreme und dem Balsamico servieren, mit frischem Thymian dekorieren.

Prosciutto-Linsen mit Petersil-Knödeln

ca. 35 min

Zutaten für 4 Personen:
200g Linsen
1 Pkg. KNORR Semmelknödel
1 kleine weiße Zwiebel
1 Knoblauchzehe
2 EL Margarine
2 EL gehackte Petersilie
100g Prosciutto
1 Würfel KNORR Goldaugen Rindsuppe
2 EL Balsamico
2 EL Rama Cremefine zum Verfeinern

Zubereitung:

1. Die Linsen für mindestens 2 Stunden einweichen, das Wasser abgießen.
2. Die Semmelknödel laut Packungsangabe zubereiten.
3. Kleine Knödel formen und in Salzwasser kochen.
4. Den in feine Streifen geschnittenen Prosciutto in einem Topf anschwitzen.
5. Knoblauch und Zwiebel fein schneiden und dazugeben.
6. Die Linsen untermischen und mit Wasser aufgießen, bis sie bedeckt sind.
7. Mit dem Suppenwürfel würzen.
8. Die Linsen weich kochen und mit Rama Cremefine und Balsamico vollenden.
9. Die Knödel in Margarine und Petersilie schwenken und mit den Linsen servieren.

OLIVERS TIPP:

Das Wasser, in dem die Linsen eingeweicht werden, immer wegschütten, sonst werden sie aufgrund der Stärke zu pappig.

Bunter Linsensalat mit Mini-Mozzarella und Balsamico

ca. 20 min

Zutaten für 4 Personen:
2 EL rosa Linsen
2 EL schwarze Linsen
2 EL braune Linsen (eingeweicht)
12 Stk. Mini-Mozzarella
2 EL Balsamico
1 EL KNORR Kräuterlinge Italienische Kräuter
2 EL Olivenöl
1 Handvoll gemischter Blattsalat
Basilikum

Zubereitung:

1. Braune Linsen für 2 Stunden einweichen, das Wasser abgießen.
2. Alle Linsen bissfest kochen und abschrecken.
3. 1 EL KNORR Kräuterlinge mit Olivenöl, Balsamico und etwas Basilikum abschmecken.
4. Salatblätter mit den Linsen und dem Mozzarella marinieren, 3 min ziehen lassen und servieren.

OLIVERS TIPP:

Schafskäse ist eine tolle Alternative zu Mozzarella.

Schnelle Tomatensuppe mit Parmesan-Chips

ca. 10 min

Zutaten für 4 Personen:

1 Pkg. KNORR Bitte zu Tisch Gebundene Gemüsesuppe
3 EL Rama Cremefine zum Verfeinern
300 g Tomaten aus der Dose
3 EL Tomatenmark
400 g Parmesan
frisches Basilikum

Zubereitung:

1. Die Suppe laut Packungsangabe zubereiten.
2. Die Tomaten mit dem Mark unterrühren und mit einem Stabmixer pürieren.
3. Den Parmesan fein reiben und dicht auf ein Backblech mit Backpapier streuen.
4. Bei 175 °C in das vorgeheizte Rohr schieben und warten, bis der Käse geschmolzen und knusprig ist.
5. Aus dem Rohr nehmen und leicht abkühlen lassen. Chips brechen.
6. Die Suppe mit Cremefine verfeinern und mit gehacktem Basilikum servieren, die Chips dazugeben.

OLIVERS TIPP:

Die Chips funktionieren nur mit Parmesan wirklich gut, deshalb keinen anderen Käse verwenden.

Geeiste Tomaten-Gurken-Suppe mit Räucherlachs

ca. 20 min

Zutaten für 4 Personen:
400g Tomaten aus der Dose
1 Pkg. KNORR Feinschmecker Dill Sauce
⅛ l Milch
100g Salatgurke
200g Räucherlachs
Dille
½ Zitrone
Chilipulver
Salz, Pfeffer

Zubereitung:

1. Die Dillsauce laut Packungsangabe zubereiten, die geschälte und klein geschnittene Gurke dazugeben und mit einem Stabmixer pürieren. Kalt stellen.
2. Die Dosentomaten fein pürieren und mit Zitronensaft, Salz, Pfeffer und dem Chilipulver würzen. Kalt stellen.
3. Nach 2 Stunden die Gurkenkaltschale in gekühlte Gläser füllen, die Tomatensuppe daraufgießen und mit Räucherlachs und gehackter Dille dekorieren.

OLIVERS TIPP:

Statt Räucherlachs schmeckt auch Forelle sehr gut.

Tomaten-Schafskäse-Risotto

ca. 30 min

Zutaten für 4 Personen:

1 Pkg. KNORR Kaiser Teller Knoblauchcreme Suppe
1 weiße Zwiebel
200 g Risottoreis
¼ l Weißwein
200 g Tomaten aus der Dose
150 g Schafskäse
frischer Oregano
Salz, Pfeffer

Zubereitung:

1. Die Knoblauchcremesuppe laut Packungsangabe zubereiten.
2. Die Zwiebel schälen und in kleine Würfel schneiden. In einem Topf ohne Fettzugabe mit dem Risottoreis rösten.
3. Mit Weißwein ablöschen und nach und nach mit der Suppe aufgießen, stetig rühren.
4. Die Tomaten aus der Dose klein schneiden und gemeinsam mit dem in Würfel geschnittenen Schafskäse unter das Risotto mengen.
5. Evtl. mit Salz und Pfeffer würzen und mit Oregano verfeinern.

OLIVERS TIPP:

Wenn Sie keinen Schafskäse zu Hause haben, einfach grob geriebenen Parmesan verwenden.

8-Minuten-Spaghetti mit Chili-Tomaten

ca. 8 min

Zutaten für 4 Personen:
400g Spaghetti
200g Tomaten aus der Dose
1 Würfel KNORR Gulaschsaft
1 Chilischote
Salz, Pfeffer
frisches Basilikum

Zubereitung:

1. Die Spaghetti laut Packungsangabe zubereiten.
2. In der Zwischenzeit die Tomaten mit dem Gulaschsaft-Würfel und der gehackten Chili aufkochen.
3. Evtl. mit Salz und Pfeffer würzen.
4. Die Nudeln untermengen und mit Basilikum verfeinern.

OLIVERS TIPP:

Wer es nicht so scharf mag, lässt die Chilischote einfach weg.

Lachsfilets mit Tomaten und Oliven

ca. 30 min

Zutaten für 4 Personen:
4 Lachsfilets à 140 g
2 EL Olivenöl
½ Zitrone
1 Pkg. KNORR Feinschmecker Sauce Hollandaise
⅛ kg Butter
200 g Tomaten aus der Dose
100 g Oliven (grün und schwarz gemischt)
Salz, Pfeffer
2 EL fein geschnittener Schnittlauch

Zubereitung:

1. Die Lachsfilets in einer Pfanne mit Olivenöl auf der Hautseite anbraten, wenden und im vorgeheizten Rohr bei 120 °C ca. 15 min ziehen lassen.
2. In der Zwischenzeit die Oliven mit den Tomaten und dem Saft einer halben Zitrone aufkochen.
3. Die Sauce Hollandaise laut Packungsangabe zubereiten.
4. Den Fisch mit der Sauce, dem Gemüse und fein geschnittenem Schnittlauch servieren.

OLIVERS TIPP:

Kabeljau ist die perfekte Alternative zu Lachs.

Gemüse-Chili mit Käse-Tortilla

ca. 30 min

Zutaten für 4 Personen:
1 Pkg. KNORR Basis für Chili con Carne
1 rote Zwiebel
1 Knoblauchzehe
1 EL Olivenöl
2 Karotten
200 g Knollensellerie
1 EL Paprikapulver
2 Chilischoten
100 g Mais aus der Dose
100 g rote Bohnen aus der Dose
400 g Tomaten aus der Dose
200 g Tortillachips
100 g Cheddarkäse

Zubereitung:

1. Die Zwiebel und die Knoblauchzehe schälen und klein schneiden.
2. In einem Topf mit 1 EL Olivenöl anbraten, die Karotten und die Sellerie schälen und mit einem Gemüsehobel grob raspeln.
3. In den Topf geben und mitrösten, 1 EL Paprikapulver und die fein gehackten Chilis dazugeben.
4. Mit den Tomaten aus der Dose ablöschen.
5. Mais und Bohnen hinzufügen.
6. Mit der KNORR Basis abschmecken und einkochen, bis die Sauce eine cremige Konsistenz hat.
7. Für 10 min köcheln lassen.
8. In der Zwischenzeit die Chips auf ein Backblech mit Backpapier legen und mit dem geriebenen Käse bestreuen.
9. Im vorgeheizten Rohr bei 190 °C so lange backen, bis der Käse geschmolzen ist.
10. Das Chili mit den Chips servieren.

OLIVERS TIPP:

Natürlich schmeckt dieses Chili auch mit Fleisch herrlich: einfach Faschiertes mitkochen!

Mais-Hendl-Polpetti mit Oregano

ca. 35 min

Zutaten für 4 Personen:
400 g Hühnerfleisch (faschiert)
1 Pkg. KNORR Basis für Faschiertes
150 g Mais aus der Dose
2 EL gehackter Oregano
3 Tomaten
3 EL Olivenöl
Salz, Pfeffer
1 Handvoll Rucola

Zubereitung:

1. Das Faschierte mit der KNORR Basis, dem Mais und dem Oregano vermengen, evtl. etwas Wasser hinzufügen.
2. Für 5 min ziehen lassen.
3. Aus der Masse kleine Bällchen formen und in einer beschichteten Pfanne mit 2 EL Olivenöl rundherum knusprig braten.
4. Bei 195 °C für 15 min in das vorgeheizte Rohr geben.
5. In der Zwischenzeit die Tomaten klein schneiden und in einem Topf mit 1 EL Olivenöl anbraten.
6. Mit Salz und Pfeffer würzen und mit einem Stabmixer pürieren.
7. Die Polpetti aus dem Rohr nehmen und mit der Tomaten-Sauce und dem Rucola servieren.

OLIVERS TIPP:

Wenn Sie keine frischen Tomaten zu Hause haben, probieren Sie die KNORR Feinschmecker Sauce Napoli dazu.

Gefüllte Mais-Paprika mit Parmesan

ca. 40 min

Zutaten für 4 Personen:

8 Paprika (farblich gemischt)
1 Pkg. KNORR Kartoffel Püree
1 Ei
200g Mais aus der Dose
100g geriebener Parmesan
2 EL gehackte Petersilie
1 Pkg. KNORR Kaiser Teller Tomaten Suppe mit Eierrosetten

Zubereitung:

1. Die Paprika am oberen Ende aufschneiden und entkernen.
2. Das Kartoffelpüree laut Packungsangabe zubereiten.
3. Den geriebenen Parmesan, gehackte Petersilie, Mais und das Ei untermengen.
4. Die Paprika mit der Masse füllen.
5. Die Suppe laut Packungsangabe zubereiten.
6. Die Suppe in eine feuerfeste Form geben, die Paprika einschlichten und im vorgeheizten Rohr bei 175 °C ca. 15 bis 20 min garen.

OLIVERS TIPP:

Speck ist eine würzige Zugabe für Nicht-Vegetarier.

Penne mit Zucchini und Brösel-Thunfisch-Kruste

ca. 20 min

Zutaten für 4 Personen:
350g Penne
200g Zucchini
3 EL gehackte Petersilie
1 Würfel KNORR Klare Suppe
1 EL Olivenöl
4 EL Semmelbrösel
150g Thunfisch aus der Dose
1 EL Margarine

Zubereitung:

1. Die Penne laut Packungsangabe zubereiten.
2. In der Zwischenzeit in einer Pfanne mit 1 EL Olivenöl die in ½ cm dicke Scheiben geschnittene Zucchini mit dem Suppenwürfel scharf anbraten.
3. Die gekochten Penne und die Petersilie dazugeben.
4. Die Mischung in eine feuerfeste Form füllen, mit dem Thunfisch und den Bröseln bestreuen.
5. Die Margarine in kleine Stücke schneiden und obenauf setzen.
6. Im vorgeheizten Rohr bei 180°C Oberhitze für 5 min gratinieren.

OLIVERS TIPP:

Mit Tomaten schmeckt dieses Rezept auch sehr frisch.

Überbackene Thunfisch-Kapern-Ciabatta

ca. 15 min

Zutaten für 4 Personen:
8 Scheiben Ciabattabrot
100g Zucchini
2 EL Olivenöl
1 Pkg. KNORR Vitamin plus Tomatencreme Suppe
200g Thunfisch aus der Dose
50g Kapern
100g geriebener Parmesan
1 Handvoll Rucola

Zubereitung:

1. Das Ciabattabrot in Olivenöl knusprig anbraten.
2. 1 EL des Pulvers der Tomatensuppe unter den Thunfisch mischen.
3. Aus dem restlichen Pulver die Suppe laut Packungsangabe zubereiten.
4. Die halbierten Kapern unter die Thunfischmasse mischen.
5. Die Zucchini in Scheiben schneiden und das Brot damit belegen.
6. Die Thunfischmasse daraufstreichen, mit Parmesan bestreuen und im vorgeheizten Rohr bei 185 °C Oberhitze gratinieren.
7. Die Suppe in tiefe Teller geben und mit dem gratinierten Brot und Rucola servieren.

Spinat-Thunfisch-Strudel mit Kräutersauce

ca. 40 min

Zutaten für 4 Personen:
1 Pkg. Strudelteig
300 g Blattspinat (tiefgekühlt)
200 g Thunfisch aus der Dose
1 Pkg. KNORR Basis für Champignon Rahm Schnitzel
8 Cocktailtomaten
2 EL Olivenöl
4 EL Creme fraîche
1 Becher Joghurt
2 EL gehackte Petersilie

Zubereitung:

1. Den Thunfisch mit dem aufgetauten, ausgedrückten Spinat und der KNORR Basis vermischen.
2. Die Tomaten klein schneiden und mit der Creme fraîche untermengen.
3. Die Masse auf den Teigblättern verteilen und zu einem Strudel rollen.
4. Den Strudel mit Olivenöl einstreichen und im vorgeheizten Rohr bei 175 °C ca. 15 min knusprig backen.
5. In der Zwischenzeit das Joghurt mit der Petersilie abmischen, den Strudel aufschneiden und mit der Sauce servieren.

OLIVERS TIPP:

Ein wenig fein geschnittenen Prosciutto unter die Masse mischen.

Focaccia mit Thunfisch und Dolce latte

ca. 40 min

Zutaten für 4 Personen:
ca. 400 g glattes Mehl
1 Pkg. Trockengerm
1 EL Zucker
Salz, Pfeffer
300 g Thunfisch aus der Dose
300 g Dolce latte
1 Pkg. KNORR Feinschmecker Kräuter Rahm Sauce
1/16 kg Butter
2 EL Thymian
2 EL Oregano

Zubereitung:

1. Das Mehl mit der Germ vermengen, ¼ l warmes Wasser untermischen.
2. So viel Mehl beigeben, dass ein klebriger Teig entsteht.
3. Mit Salz, Pfeffer und Zucker würzen.
4. Für 20 min an einem warmen Ort gehen lassen.
5. Den Teig noch einmal zusammenschlagen.
6. Direkt auf einem bemehlten Backblech aus dem Teig einen Fladen formen.
7. Mit Thunfisch und Dolce latte belegen.
8. Im vorgeheizten Rohr bei 160 °C ca. 40 min backen.
9. In der Zwischenzeit die Sauce laut Packungsangabe zubereiten.
10. Die Focaccia noch warm mit frischen Kräutern und der Sauce servieren.

OLIVERS TIPP:

Wenn etwas übrig bleibt: Die kalte Focaccia aufschneiden und mit Schinken belegen.

Flammküchle mit Bauernspeck

ca. 25 min

Zutaten für 4 Personen:
ca. 400g glattes Mehl
1 Pkg. Trockengerm
1 EL Zucker
Salz, Pfeffer
4 EL Creme fraîche
200g Bauernspeck
1 Jungzwiebel
2 Handvoll Blattsalat
1 Pkg. KNORR Salatkrönung Italienische Kräuter
3 EL Öl

Zubereitung:

1. Das Mehl mit der Germ vermengen, ¼ l warmes Wasser untermischen.
2. So viel Mehl beigeben, dass ein kompakter Teig entsteht.
3. Mit Salz, Pfeffer und Zucker würzen.
4. Für 20 min an einem warmen Ort gehen lassen.
5. Den Teig noch einmal zusammenschlagen.
6. Mit einem Teigroller direkt auf einem bemehlten Blech dünn ausrollen.
7. Mit der Creme fraîche bestreichen, mit dem dünn geschnittenen Bauernspeck und der in kleine Scheiben geschnittenen Jungzwiebel bestreuen.
8. Bei 175 °C ins vorgeheizte Rohr schieben und ca. 15 min backen.
9. Den Salat laut Packungsangabe marinieren und zum Flammküchle servieren.

OLIVERS TIPP:

Natürlich kann man das Flammküchle noch mit Käse überbacken.

Rosmarinpizza mit Rucola und Parmesan

ca. 25 min

Zutaten für 4 Personen:
ca. 400g glattes Mehl
1 Pkg. Trockengerm
1 EL Zucker
Salz, Pfeffer
3 Tomaten
1 EL Tomatenmark
1 EL Olivenöl
3 Stämmchen Rosmarin
150g Parmesan
1 Pkg. KNORR Salatkrönung Kräuter-Speck
3 EL Öl
2 Handvoll Rucola

Zubereitung:

1. Das Mehl mit der Germ vermengen, ¼ l warmes Wasser untermischen.
2. So viel Mehl beigeben, dass ein kompakter Teig entsteht.
3. Mit Salz, Pfeffer und Zucker würzen.
4. Für 20 min an einem warmen Ort gehen lassen.
5. Den Teig noch einmal zusammenschlagen.
6. Mit einem Teigroller dünne runde Pizzen rollen.
7. Kurz gehen lassen.
8. In der Zwischenzeit die Tomaten mit Tomatenmark und Olivenöl einkochen lassen, mit Salz und Pfeffer würzen und pürieren.
9. Die Tomatensauce auf die Pizzen streichen, mit gehacktem Rosmarin und dem grob gehobelten Parmesan belegen.
10. Bei 190 °C für ca. 15 min ins vorgeheizte Rohr schieben.
11. In der Zwischenzeit den Rucola mit dem Kräuter-Speck-Dressing laut Packungsangabe zubereiten.
12. Die Pizzen mit dem Salat servieren.

Kartoffelkuchen mit Käse und Schinken

ca. 40 min

Zutaten für 4 Personen:
ca. 400g glattes Mehl
1 Pkg. Trockengerm
1 EL Zucker
Salz, Pfeffer
200g gekochte speckige Kartoffeln
200g Bergkäse
150g Beinschinken
2 Handvoll Salat
1 Pkg. KNORR Salatkrönung 7-Kräuter
3 EL Öl
frischer Schnittlauch

Zubereitung:

1. Das Mehl mit der Germ vermengen, ¼ l warmes Wasser untermischen.
2. So viel Mehl beigeben, dass ein klebriger Teig entsteht.
3. Mit Salz, Pfeffer und Zucker würzen.
4. Für 20 min an einem warmen Ort gehen lassen.
5. Den Teig noch einmal zusammenschlagen.
6. Die gekochten Kartoffeln und ein Drittel vom Käse untermengen und einen Laib formen.
7. Den Laib auf ein bemehltes Blech legen und im vorgeheizten Rohr bei 160°C ca. 20 min backen.
8. Mit dem restlichen Käse bestreuen und weitere 15 min backen.
9. In der Zwischenzeit den Salat mit dem 7-Kräuter-Dressing laut Packungsangabe zubereiten.
10. Den Kartoffelkuchen mit dem Salat und gehacktem Schnittlauch servieren.

OLIVERS TIPP:

Kleine Küchlein aus diesem Teig eignen sich perfekt für ein Picknick.

Tomaten-Oliven-Brot

ca. 40 min

Zutaten für 4 Personen:
ca. 400 g glattes Mehl
1 Pkg. Trockengerm
Salz, Pfeffer
1 EL Zucker
3 frische Tomaten
4 EL getrocknete Tomaten
150 g grüne und schwarze Oliven (entsteint)
200 g Schafskäse
1 KNORR Salatkrönung Griechischer Salat
3 EL Öl
1 roter Paprika
2 Handvoll Blattsalat

Zubereitung:

1. Das Mehl mit der Germ vermengen, ¼ l warmes Wasser untermischen.
2. So viel Mehl beigeben, dass ein klebriger Teig entsteht.
3. Mit Salz, Pfeffer und Zucker würzen.
4. Für 20 min an einem warmen Ort gehen lassen.
5. Den Teig noch einmal zusammenschlagen. Die getrockneten Tomaten, 100 g Oliven, 2 klein geschnittene frische Tomaten und 100 g vom grob geschnittenen Käse untermischen.
6. Direkt auf einem bemehlten Backblech aus dem Teig einen Fladen formen.
7. Diesen im vorgeheizten Rohr bei 160 °C ca. 30 min backen.
8. In der Zwischenzeit das Dressing laut Packungsangabe zubereiten.
9. Den Blattsalat mit dem restlichen geschnittenen Käse, den restlichen Oliven, Paprika, der Tomate und dem Dressing vermischen.
10. Den Salat mit dem noch warmen Brot servieren.

OLIVERS TIPP:

Wenn das Brot schon etwas älter ist, in einer beschichteten Pfanne mit Olivenöl anrösten.

Parmesan-Oliven-Crespelle

ca. 50 min

Zutaten für 4 Personen:

3 Eier
100g Mehl
250g Milch
2 EL Olivenöl
200g Parmesan
300g Faschiertes (gemischt)
1 Pkg. KNORR Basis für Pasta asciutta
1 Dose Tomaten
100g schwarze Oliven (entsteint)

Zubereitung:

1. Aus Milch, Eiern und Mehl einen Palatschinkenteig rühren, kurz rasten lassen und in einer beschichteten Pfanne mit Olivenöl ca. 8 Palatschinken backen.
2. Das Faschierte mit der KNORR Basis laut Packungsangabe zubereiten.
3. Ein Drittel der Dosentomaten und die Oliven untermischen.
4. Die Palatschinken damit füllen und in eine feuerfeste Form schlichten.
5. Mit den restlichen Dosentomaten übergießen und mit Parmesan bestreuen.
6. Im vorgeheizten Rohr bei 180°C ca. 20 min knusprig backen.

Tagliatelle mit schwarzer Olivenpaste und Rucola

ca. 10 min

Zutaten für 4 Personen:

350 g Tagliatelle
200 g schwarze Oliven (entsteint)
3 EL Olivenöl
1 Pkg. KNORR Feinschmecker Käse Sauce
1 Handvoll Rucola

Zubereitung:

1. Die Pasta laut Packungsangabe zubereiten.
2. Die Oliven mit dem Olivenöl pürieren.
3. Die Käsesauce laut Packungsangabe zubereiten.
4. Die Pasta unter die Käsesauce mischen.
5. Die Pasta auf Teller geben, Olivenpaste danebensetzen, mit Rucola dekorieren.

OLIVERS TIPP:

Besonders köstlich schmeckt dieses Rezept, wenn Sie ein Drittel der Oliven durch getrocknete Tomaten ersetzen.

AUS DEM GEMÜSEFACH

Zucchini-Haferflocken-Knödel mit Olivensauce

ca. 30 min

Zutaten für 4 Personen:

1 Pkg. KNORR Kartoffelteig
1 Ei
6 EL Haferflocken
2 Zucchini
1 EL KNORR Aromat
⅛ l Weißwein
2 EL Olivenöl
100 g schwarze Oliven
2 EL Kresse

Zubereitung:

1. Den Kartoffelteig laut Packungsangabe zubereiten.
2. Die Haferflocken untermischen und kleine Knödel formen.
3. In Salzwasser so lange köcheln, bis sie oben schwimmen.
4. In der Zwischenzeit die Zucchini in feine Streifen schneiden.
5. Den Weißwein in einem Topf aufkochen, die Zucchini und die Oliven dazugeben, mit Aromat würzen.
6. Mit Olivenöl verfeinern.
7. Die Knödel mit dem Gemüse und Kresse servieren.

OLIVERS TIPP:

Sommerlicher wird dieses Gericht, wenn Sie Tomaten dazugeben.

Mit Polenta gefüllte Zucchini

ca. 40 min

Zutaten für 4 Personen:
300 g Zucchini
100 g Polenta
10 Cocktailtomaten
1 Pkg. KNORR Kaiser Teller Kürbiscreme Suppe
100 g geriebener Parmesan
frischer Oregano

Zubereitung:

1. Die Zucchini in 5 cm breite Scheiben schneiden, aufstellen und mit einem kleinen Löffel aushöhlen.
2. Die Suppe laut Packungsangabe zubereiten.
3. Die Polenta ohne Fettzugabe in einem Topf rösten, mit zwei Drittel der Suppe aufgießen und einkochen.
4. Den Parmesan dazugeben.
5. Die Zucchini-Stücke in eine feuerfeste Form stellen und mit der Polenta füllen, mit halbierten Cocktailtomaten belegen. Die restliche Suppe eingießen.
6. Bei 180 °C für 20 min ins vorgeheizte Rohr schieben.
7. Aus dem Rohr nehmen, mit frischem Oregano bestreuen und servieren.

Tartare von Zucchini und Räucherforelle

ca. 20 min

Zutaten für 4 Personen:
300 g Räucherforelle
1 Zucchini
4 EL Rama Cremefine zum Verfeinern
½ Zitrone
1 Pkg. KNORR Feinschmecker Dill Sauce
⅛ l Milch
Salz, Pfeffer
frischer Dill
Paprikapulver

Zubereitung:

1. Die Räucherforelle und die Zucchini in sehr kleine Würfel schneiden.
2. In einer Schüssel mit der Cremefine, Zitronensaft, Salz und Pfeffer vermischen.
3. Die Dillsauce laut Packungsangabe zubereiten.
4. Die Sauce auf Tellern anrichten, mit zwei Suppenlöffeln Nockerln aus der Masse formen und anrichten.
5. Mit frischem Dill und Paprikapulver dekorieren.

OLIVERS TIPP:

Ersetzen Sie ein Drittel der Räucherforelle durch Räucherlachs.

Melanzani-Kartoffel-Auflauf mit Kräutersalat

ca. 40 min

Zutaten für 4 Personen:

2 Melanzani
1 Pkg. KNORR Vitamin plus Basis für Gemüse-Auflauf
4 Tomaten
3 EL geriebener Parmesan
100 g gemischte Kräuter (etwa Petersilie, Thymian, Majoran, Schnittlauch)
1 EL Limettensaft
2 EL Olivenöl
Salz, Pfeffer

Zubereitung:

1. KNORR Basis für Gemüse-Auflauf in ¼ l Wasser auflösen.
2. Die Melanzani in Scheiben schneiden und dachschindelartig in eine feuerfeste Form schlichten.
3. Mit der Basis übergießen, die Tomaten vierteln und darauflegen.
4. Mit dem geriebenen Parmesan bestreuen und im vorgeheizten Rohr bei 170 °C ca. 25 min backen.
5. In der Zwischenzeit die Kräuter waschen und mit einem Dressing aus Limettensaft, Olivenöl, Salz und Pfeffer marinieren.
6. Den Auflauf aus dem Rohr nehmen und mit dem Kräutersalat servieren.

Farfalle mit Melanzani- und Jungzwiebelgemüse

ca. 10 min

Zutaten für 4 Personen:
350 g Farfalle
200 g Melanzani
2 Jungzwiebeln
2 EL KNORR Gemüse Bouquet
2 EL Olivenöl
1 EL Balsamico
12 Basilikumblätter

Zubereitung:

1. Die Farfalle laut Packungsangabe zubereiten.
2. In der Zwischenzeit die Melanzani in kleine Würfel schneiden und in einer Pfanne mit Olivenöl scharf anbraten.
3. Die Jungzwiebeln klein schneiden und untermischen.
4. Mit dem Gemüse Bouquet würzen und mit Balsamico ablöschen.
5. Die Farfalle untermischen und mit den Basilikumblättern garniert servieren.

OLIVERS TIPP:

2 EL Rama Cremefine zum Verfeinern machen dieses Gericht cremig.

Melanzani-Salat mit Balsamico und Mini-Mozzarella

ca. 20 min

Zutaten für 4 Personen:
200 g Melanzani
3 EL Olivenöl
1 kleiner roter Paprika
1 Zitrone
1 Pkg. KNORR Salatkrönung Kräuter-Knoblauch
3 EL Öl (für Dressing)
16 Stk. Mini-Mozzarella
2 EL alter Balsamico
2 Handvoll Rucola
Salz, Pfeffer

Zubereitung:

1. Die Melanzani in Scheiben schneiden und mit Salz und Pfeffer würzen.
2. In einer Pfanne mit Olivenöl anbraten.
3. Zitrone in Scheiben, Paprika in Streifen schneiden und dazugeben.
4. Die Pfanne vom Herd nehmen.
5. Die KNORR Salatkrönung laut Packungsangabe zubereiten und unter das Gemüse mischen.
6. Rucola und Mozzarella hinzufügen.
7. Auf Tellern anrichten und mit altem Balsamico verfeinern.

OLIVERS TIPP:

Geröstetes Weißbrot passt perfekt zu diesem Gericht.

Gefüllte Ofentomaten mit Shrimps und Estragon

ca. 30 min

Zutaten für 4 Personen:
12 Shrimps
4 große Tomaten
½ Pkg. KNORR Kartoffel Püree
2 EL gehackter Estragon
1 Pkg. KNORR Bitte zu Tisch Knoblauch Suppe

Zubereitung:

1. Die Tomaten halbieren und aushöhlen. Das Innere aufbewahren.
2. Das Püree laut Packungsangabe zubereiten.
3. Die Suppe laut Packungsangabe zubereiten.
4. Die Shrimps mit dem Fruchtfleisch der Tomaten unter das Püree mischen, mit Estragon würzen.
5. Die Masse in die Tomaten füllen, die Suppe in eine feuerfeste Form gießen, die Tomaten hineinsetzen und diese im vorgeheizten Rohr bei 180 °C ca. 15 min backen.
6. Aus dem Rohr nehmen und mit frischem Estragon servieren.

OLIVERS TIPP:

Wenn Sie keine Shrimps haben, nehmen Sie einfach Räucherlachs.

In Tomaten geschmorte Schweinskoteletts mit Polenta

ca. 40 min

Zutaten für 4 Personen:
4 Schweinskoteletts à 150 g
2 EL Olivenöl
300 g Tomaten
⅛ l Weißwein
3 EL gehacktes Basilikum
70 g Polenta
3 EL geriebener Parmesan
1 EL KNORR Aromat
1 Pkg. KNORR Feinschmecker Rosa Pfeffer Rahm Sauce
Salz, Pfeffer

Zubereitung:

1. Die Schweinskoteletts mit Salz und Pfeffer würzen und in einer Pfanne mit Olivenöl beidseitig anbraten.
2. Mit Weißwein ablöschen, die Tomaten grob schneiden und gemeinsam mit dem Basilikum zum Fleisch geben.
3. Für 20 min im vorgeheizten Rohr bei 165 °C schmoren.
4. In der Zwischenzeit ½ l Wasser mit Aromat aufkochen, die Polenta einrühren.
5. Den Parmesan untermengen und warm stellen.
6. Die Pfeffersauce laut Packungsangabe zubereiten.
7. Die Koteletts mit dem Gemüse, der Sauce und der Polenta servieren.

Garnelen mit Chili-Tomaten und Petersilie

ca. 25 min

Zutaten für 4 Personen:
16 Stk. Garnelen
2 EL Olivenöl
6 große Tomaten
2 Chilischoten
100 g Stangensellerie
1 weiße Zwiebel
1 Pkg. KNORR Feinschmecker Kräuter Butter Sauce
¼ l Milch
1/16 kg Butter
3 EL gehackte Petersilie
Salz, Pfeffer
½ Limette

Zubereitung:

1. Die Garnelen mit Salz, Pfeffer und Limettensaft würzen.
2. In einer Pfanne mit Olivenöl anbraten, die Tomaten grob schneiden und beigeben.
3. Die Chilis halbieren, evtl. entkernen und untermischen.
4. Die Zwiebel schälen und ebenso wie die Stangensellerie in kleine Würfel schneiden und mitköcheln.
5. Die Sauce laut Packungsangabe zubereiten.
6. Die Hälfte der Sauce unter die Garnelen mischen und mit Petersilie würzen.
7. Die Garnelen in Schüsseln geben, mit der restlichen Sauce übergießen und mit Petersilie dekorieren.

OLIVERS TIPP:

Wenn Sie die Chilis ganz lassen, sind sie nicht so scharf. Vor dem Anrichten aus dem Gericht nehmen!

Polpetti mit Tomaten-Parmesan-Salat

ca. 40 min

Zutaten für 4 Personen:
500g Faschiertes (gemischt)
2EL KNORR Aromat
1 Ei
2EL Semmelbrösel
2EL Olivenöl
4 Tomaten
150g Parmesan
150g Rama Cremefine zum Kochen
2 Handvoll Rucola
1EL Balsamico
Salz, Pfeffer

Zubereitung:

1. Das Faschierte mit 2EL Aromat, Bröseln und Ei vermischen.
2. Kleine Bällchen formen und in einer Pfanne mit Olivenöl knusprig braten.
3. Im vorgeheizten Rohr bei 180°C ca.15 min fertig braten.
4. In der Zwischenzeit Rama Cremefine mit 100g geriebenem Parmesan erwärmen, bis der Käse geschmolzen ist, aufmixen.
5. Die Tomaten mit Salz, Pfeffer und Balsamico würzen. Mit dem Rucola vermischen.
6. Die Polpetti mit dem Salat anrichten, mit der Parmesansauce übergießen und mit dem restlichen Parmesan bestreuen.

OLIVERS TIPP:

Die Käsesauce können Sie auf Vorrat machen und bis zu einer Woche im Kühlschrank aufbewahren. Nur noch kurz erwärmen, bis sie wieder flüssig ist.

Jungzwiebelsuppe mit Schafskäsebaguette

ca. 30 min

Zutaten für 4 Personen:
300 g Jungzwiebeln
1 Würfel KNORR Gemüsesuppe
⅛ l Weißwein
¼ l Rama Cremefine zum Kochen
4 Scheiben Baguette
100 g Schafskäse
3 EL getrocknete Tomaten

Zubereitung:

1. Den Gemüsesuppenwürfel in einen Topf einbröseln und ohne Zugabe von Fett anbraten.
2. Mit Weißwein ablöschen, mit ½ l Wasser aufgießen und mit Rama Cremefine verfeinern.
3. Die Jungzwiebeln fein schneiden, den weißen Teil in die Suppe geben und aufmixen. 10 min köcheln lassen.
4. In der Zwischenzeit die Brotscheiben mit dem Schafskäse bestreuen und mit den fein geschnittenen Tomaten belegen.
5. Im vorgeheizten Rohr bei 180 °C Oberhitze 10 min gratinieren.
6. Die Suppe in Gläser füllen, mit den grünen Teilen der Jungzwiebeln bestreuen und mit den Brotscheiben servieren.

Kabeljau mit Rotweinzwiebeln und Thymianzitronen

ca. 30 min

Zutaten für 4 Personen:
4 Kabeljaufilets à 120 g
1 Pkg. KNORR Basis für Seelachs in Kräuter Obers Sauce
250 g Obers
2 rote Zwiebeln
¼ l Rotwein
Salz, Pfeffer
3 Zitronen (ungespritzt)
2 EL Margarine
Thymian

Zubereitung:

1. Den Kabeljau mit der KNORR Basis laut Packungsangabe zubereiten.
2. In der Zwischenzeit die Zwiebeln schälen und in Scheiben schneiden.
3. Den Rotwein mit den Zwiebeln in einer Pfanne einkochen.
4. Mit Salz und Pfeffer würzen.
5. Die Zitronen in Scheiben schneiden und in 2 EL Margarine mit dem Thymian anschwitzen.
6. Den Fisch mit den Rotweinzwiebeln und den Zitronen servieren.

OLIVERS TIPP:

Schmeckt auch mit Lachsfilet köstlich.

Zwiebelringe in Tempura mit Chili-Limetten-Dip

ca. 30 min

Zutaten für 4 Personen:
80 g Mehl
½ Pkg. Backpulver
1 Ei
Mineralwasser
Salz
4 weiße Zwiebeln
Öl zum Frittieren
250 g Joghurt
1 Chilischote
1 Limette (ungespritzt)
1 Pkg. KNORR Salatkrönung 7-Kräuter
3 EL Öl (für Dressing)

Zubereitung:

1. Das Mehl mit Salz, Backpulver, 1 Ei und so viel Mineralwasser vermischen, bis ein leicht flüssiger Teig entsteht.
2. Die Zwiebeln schälen und in grobe Scheiben schneiden.
3. Die Scheiben durch den Teig ziehen und schwimmend in heißem Fett frittieren.
4. Auf einer Küchenrolle abtropfen lassen.
5. In der Zwischenzeit die Chili fein hacken, die Hälfte der Limette sehr dünn schälen und die Schale in feine Streifen schneiden.
6. Den Saft der Limette, die Limettenschale und die Chili unter das Joghurt mischen, mit der KNORR Salatkrönung würzen.
7. Die frittierten Zwiebelringe mit dem Joghurt servieren.

OLIVERS TIPP:

Tempura-Teig eignet sich perfekt für asiatische Gerichte.

Knusprige Jungzwiebel-Röllchen mit Salat

ca. 25 min

Zutaten für 4 Personen:
8 Jungzwiebeln
1 Pkg. Strudelteig-Blätter
100 g geriebener Parmesan
1 EL Olivenöl
1 Würfel KNORR Bratensaft
1 Handvoll gemischter Blattsalat
Salz, Pfeffer
2 EL Olivenöl
1 EL Balsamico

Zubereitung:

1. Die Jungzwiebeln waschen und trocken tupfen.
2. Die Strudelblätter auflegen und mit dem geriebenen Parmesan bestreuen.
3. Die Zwiebeln darauflegen und einrollen.
4. Mit 1 EL Olivenöl bestreichen und auf einem Backblech mit Backpapier im vorgeheizten Rohr bei 180 °C ca. 10 min knusprig backen.
5. In der Zwischenzeit den Bratensaft laut Packungsangabe zubereiten.
6. Aus Öl, Salz, Pfeffer und Balsamico ein Dressing rühren.
7. Den Salat damit marinieren.
8. Den Salat mit dem Bratensaft und den Röllchen servieren.

OLIVERS TIPP:

Natürlich kann man die Röllchen auch in Fett frittieren, das ist aber nicht so gesund, außerdem riecht es in der ganzen Wohnung.

Mit Couscous gefüllte Salatblätter

ca. 40 min

Zutaten für 4 Personen:
4 Cocktailtomaten
1 grüner Paprika
1 Zucchini
2 EL Olivenöl
8 Salatblätter
2 Tassen Couscous
3 EL KNORR Bio Gemüse Bouillon im Glas
Schnittlauch

Zubereitung:

1. Zucchini, Paprika und die Tomaten in kleine Stücke schneiden.
2. In einer Pfanne mit Olivenöl anbraten.
3. In der Zwischenzeit 2 Tassen Wasser mit 3 EL Bouillon aufkochen.
4. Couscous in einer Schüssel mit dem Fond übergießen, gut vermischen und zugedeckt für 5 min ziehen lassen.
5. Mit einer Gabel auflockern und das Gemüse untermischen.
6. In die Salatblätter füllen und mit geschnittenem Schnittlauch dekorieren.

Gebratener Salat mit Parmesandressing

ca. 20 min

Zutaten für 4 Personen:
1 Eisbergsalat
1 Pkg. KNORR Feinschmecker Käse Sauce
8 Cocktailtomaten
Basilikum
100 g Parmesan
2 EL Olivenöl
Salz, Pfeffer

Zubereitung:

1. Den Salat in breite Spalten schneiden, mit Salz und Pfeffer würzen und in einer Pfanne mit Olivenöl anbraten.
2. Die Käsesauce laut Packungsangabe zubereiten.
3. Die Tomaten halbieren.
4. Den Salat mit den Tomaten und dem Basilikum auf Tellern anrichten.
5. Mit Parmesan bestreuen und mit der Käsesauce übergießen.
6. Mit Basilikum dekorieren.

OLIVERS TIPP:

Dazu passt geröstetes Weißbrot.

Radicchio mit Honigdressing, Blauschimmelkäse und Nüssen

ca. 20 min

Zutaten für 4 Personen:
300g Radicchio
1 Pkg. KNORR Salatkrönung Italienische Kräuter
3 EL Öl
3 EL Honig
2 EL Margarine
100g ganze Walnüsse
200g Blauschimmelkäse
Kresse

Zubereitung:

1. Radicchio waschen und zerteilen.
2. Das Dressing laut Packungsangabe zubereiten, Radicchio damit marinieren.
3. Die Nüsse in Margarine anrösten, bis die Margarine braun ist.
4. Den Käse klein schneiden.
5. Den Salat mit Käse, Nüssen und Kresse servieren.
6. Mit Honig beträufeln.

OLIVERS TIPP:

Schmeckt auch mit grünem Salat herrlich.

AUS DEM OBSTKORB

Lauch-Apfel-Salat mit pochiertem Huhn

ca. 30 min

Zutaten für 4 Personen:
450g Hühnerbrust
⅛ l Weißwein
1/16 l Blutorangensaft
2 EL KNORR Aromat
1 Lorbeerblatt
1 Pkg. KNORR Salatkrönung Gartenkräuter
3 EL Öl
2 Äpfel
100g Lauch
1 Handvoll Rucola
2 EL Petersilie

Zubereitung:

1. Den Weißwein mit dem Blutorangensaft und ½ l Wasser vermischen, Aromat und Lorbeerblatt hinzufügen und aufkochen.
2. Die Hühnerbrüste einlegen und 15 min köcheln lassen.
3. Die Hühnerbrüste aus dem Sud nehmen, den Sud einkochen lassen und die KNORR Salatkrönung einrühren.
4. Die geschälten Äpfel und den Lauch in feine Scheiben schneiden und mit dem Sud marinieren.
5. Rucola unter die lauwarme Apfel-Lauch-Mischung heben, mit Petersilie bestreuen und mit den Hühnerbrüsten servieren.

OLIVERS TIPP:

Statt Lauch Fenchel probieren!

Karotten-Apfel-Laibchen mit Kräutern

ca. 30 min

Zutaten für 4 Personen:

200 g Karotten
1 Apfel
4 EL KNORR Kartoffel Teig
3 EL Topfen
1 Ei
2 EL Olivenöl
1 Pkg. KNORR Feinschmecker Kräuter Butter Sauce
¼ l Milch
1/16 kg Butter
Salz, Pfeffer
2 EL frische Kräuter

Zubereitung:

1. Die Karotten schälen und ebenso wie den geschälten Apfel mit einem Gemüsehobel in grobe Stifte schneiden.
2. Mit Ei, Topfen und den Kartoffelteig-Flocken vermischen, mit Salz und Pfeffer würzen.
3. Die Masse zu kleinen Laibchen formen und in einer Pfanne mit 2 EL Olivenöl beidseitig für je 3 min knusprig braten.
4. In der Zwischenzeit die Sauce laut Packungsangabe zubereiten.
5. Die Laibchen mit der Sauce und frischen Kräutern servieren.

Lebkuchen-Bratapfel aus dem Rohr

ca. 30 min

Zutaten für 4 Personen:
4 Äpfel
1 Pkg. KNORR Sweety Milchreis
200 g Lebkuchen
2 EL Margarine
1 TL Lebkuchengewürz
3 EL Honig

Zubereitung:
1. Die Äpfel mit einem Ausstecher großzügig vom Kerngehäuse befreien.
2. Den Milchreis laut Packungsangabe zubereiten.
3. Den Lebkuchen fein hacken und unter den Reis mischen.
4. Die Äpfel mit dem Reis-Lebkuchen-Gemisch füllen.
5. Backpapier auf ein Backblech legen, Äpfel daraufsetzen.
6. Äpfel mit Honig beträufeln und mit Lebkuchengewürz bestreuen.
7. Auf jeden Apfel ein Stück Margarine setzen und im vorgeheizten Rohr bei 170 °C ca. 20 min braten.

OLIVERS TIPP:

Mit Vanilleeis servieren.

Orangen-Salat mit Basilikum und Lachs

ca. 15 min

Zutaten für 4 Personen:
3 Orangen
1 Würfel KNORR Klare Suppe
1 Handvoll gemischter Blattsalat
2 EL Olivenöl
200 g Räucherlachs
4 EL gehacktes Basilikum

Zubereitung:

1. Eine Orange in feine Scheiben schneiden.
2. Zwei Orangen auspressen. Den Saft mit dem Suppenwürfel und dem Olivenöl aufkochen.
3. Den Blattsalat mit dem erkalteten Dressing marinieren.
4. Den Räucherlachs, die Orangenscheiben und das Basilikum in Schüsseln anrichten.

OLIVERS TIPP:

Schmeckt auch ausgezeichnet mit Prosciutto statt Fisch.

Orangen-Thunfisch-Nudeln mit Thymian

ca. 15 min

Zutaten für 4 Personen:
450g Bandnudeln
1 Pkg. KNORR Feinschmecker Waldpilz Sauce
200g Thunfisch aus der Dose
2 Orangen (ungespritzt)
2 EL gehackter Thymian

Zubereitung:

1. Die Nudeln laut Packungsangabe zubereiten.
2. In der Zwischenzeit die Waldpilzsauce laut Packungsangabe zubereiten.
3. Die Orangen mit einem Sparschäler dünn schälen und die Schalen in feine Streifen schneiden (das Weiße der Schale sollte nicht dabei sein).
4. Das Fruchtfleisch der Orangen filetieren.
5. Die Orangenschalen und -filets mit Thymian und Thunfisch unter die Nudeln geben und servieren.

OLIVERS TIPP:

Wer mag, gibt noch geriebenen Parmesan dazu.

Gratinierte Orangen mit Zitronengras und Zimt

ca. 20 min

Zutaten für 4 Personen:
4 Orangen
4 EL KNORR Basis für Topfenteig
1 Stange Zitronengras
2 Lorbeerblätter
2 EL Margarine
1 Ei
200 g Topfen
1 TL Zimt (gemahlen)

Zubereitung:

1. Die Margarine schmelzen und das Zitronengras fein schneiden.
2. Das Zitronengras, den Zimt und die Lorbeerblätter in die Margarine geben, für 3 min ziehen lassen. Lorbeerblätter wieder entfernen.
3. Die Margarine mit Topfen, Ei und dem Topfenteig-Pulver vermischen.
4. Die Orangen schälen und in Spalten schneiden.
5. Die Spalten in eine feuerfeste Form legen und mit der Masse bestreichen.
6. Die Orangen ins vorgeheizte Rohr schieben und bei 190 °C ca. 10 min gratinieren.
7. Evtl. mit Zimt bestreuen.

Erdbeer-Orangen-Palatschinken

ca. 30 min

Zutaten für 4 Personen:
3 Eier
100 g Mehl
250 g Milch
3 EL Zucker
3 EL Margarine
1 Pkg. KNORR Sweety Milchreis
100 g Erdbeeren
2 Orangen

Zubereitung:

1. Aus Milch, Eiern, Zucker und Mehl einen Palatschinkenteig rühren, kurz rasten lassen und in einer beschichteten Pfanne mit Margarine ca. 8 Palatschinken backen.
2. Den Milchreis laut Packungsangabe zubereiten.
3. Die Erdbeeren und die Orangen klein schneiden.
4. Die Palatschinken mit dem Reis, den Erdbeeren und Orangen füllen und servieren.

OLIVERS TIPP:

2 EL Kakaopulver zum Milchreis geben.

Hühnercurry mit Banane und Apfel

ca. 30 min

Zutaten für 4 Personen:
500 g Hühnerfilet
1 Würfel KNORR Hühner Suppe
2 EL Olivenöl
1 EL Currypulver
¼ l Kokosmilch
1 Banane
1 Apfel
1 scharfer Pfefferoni
frischer Koriander

Zubereitung:

1. Das Hühnerfilet in gleich große Stücke schneiden.
2. In einer Pfanne mit Olivenöl anbraten, den Suppenwürfel dazugeben und kräftig mitrösten.
3. Currypulver dazugeben und sofort mit Kokosmilch und ¼ l Wasser ablöschen.
4. Die Banane und den Apfel in kleine Stücke schneiden und untermischen.
5. Klein geschnittenen Pfefferoni dazugeben und alles für 15 min köcheln lassen.
6. Mit frischem Koriander bestreuen.

OLIVERS TIPP:

Statt Huhn eignet sich für dieses Gericht auch Schweinsfilet.

AUS DEM KÜHLSCHRANK

AUS DER SPEISEKAMMER

Buchtipp

Oliver Hoffinger
Kochen für Schnellos

Format 21 x 26 cm
144 Seiten, ca. 100 Farbabbildungen
Hardcover

Sie sind Anfänger am Herd oder kochen nicht gerne? Haben wenig Zeit und Geld? Und noch viel weniger Geduld?

Gut so! Oliver Hoffinger zeigt Ihnen, wie Sie in maximal 30 Minuten ein effektvolles Gericht zaubern. Mit Zutaten, die Sie in jedem Supermarkt um die Ecke kaufen können. Mit zahlreichen Schritt-für-Schritt-Anleitungen, Erläuterungen zu den Zutaten und Tipps, wie Sie mit wenig Aufwand viel Effekt erzielen. Gut, günstig & genial!

Serviettenknödel
Basis für Kartoffelteig
Fix-Püree
Gemüse-Auflauf
Hühner Suppe
Knoblauch Suppe
Champignoncreme Suppe
Braten Saft
Hendlhaxen
Chili con Carne
Rosa Pfeffer
Schinkenfleckerln
Gemüsesuppe
Dill Sauce
Sweety Kaiserschmarrn ohne Rosinen
Kräuter Butter Sauce
Sweety Kaiserschmarrn mit Rosinen
Käse Sauce
Seelachs in Kräuter Obers Sauce
Faschiertes
Steinpilz Suppe
Gyros
Salat Krönung Frühlingszwiebel
Semmel Knödel
Goldaugen
Salat Krönung Kräuter-Speck
Hollandaise Sauce
Gulasch Saft
Sweety Milchreis
Tomaten Suppe
Tomatencreme Suppe
Salat Krönung Italienische Kräuter
Sweety Grießschmarrn
Basis für Topfenteig
Knoblauchcreme Suppe
Pasta asciutta
Rahmschnitzel
Aromat
Waldpilz Sauce
Gebundene Gemüsesuppe
Sweety Topfenknödel
Napoli Sauce
Salat Krönung Griechischer Salat
Klare Suppe
Kürbiscreme Suppe
Serbisches Reisfleisch
Knoblauch Kräuter Sauce
Kartoffel Püree
Salat Krönung Balsamico-Kräuter
Salat Krönung 7-Kräuter
Chinapfanne